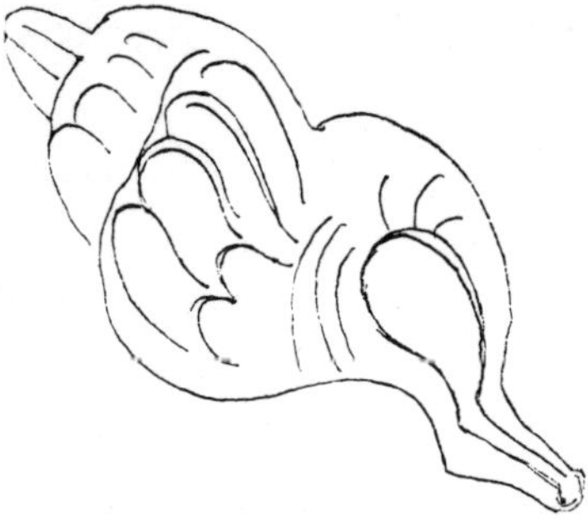

Die Muschel, die du in die Hand nimmst, ist kahl, ist nackt. Sie scheint nur Form, einmalige, elementare Form. Aber wie liegt sie dir in der Hand! Sie liegt dir so in der Hand: du könntest sie mit in den Schlaf nehmen, – deine Hand ließe sie nicht los. Führe sie ans Ohr . . .
Was du hörst, ist wenig mehr als nichts: ein

leises Rauschen in ihrer Wölbung. Aber auf die Stärke des Tones kommt es nicht an. Das Licht ist lautlos. Die Luft, wenn sie still steht, ist stumm. Nur wenn der Wind sie bewegt, beginnt sie leise zu tönen. Aber wer in den Wind lauscht, hört auch die Stürme; die von ehedem, die von diesem Jahr, die noch aufstehen werden. Und wer in die Muschel lauscht, vernimmt das Meer, sein sich wiegendes Ruhn in sich selbst, sein gelassenes Sichräkeln in den Festen des Erdballs, seinen tobenden Tanz. Und wenn du lange lauschst, hebt sich das auf, was du »Zeit« nennst. Zeit – damit meinst du ja nur deine dreißig, fünfundvierzig oder sechzig Jahre, deine Vergänglichkeit. Aber die Zeit der Muschel ist nicht deine Zeit. Die Zeit der Muschel ist wie das Meeresrauschen in ihr: ein millionenfach gebrochenes und doch nie ausklingendes Echo; ewiger Augenblick; augenblickliche Ewigkeit.

Die Muschel in deiner Hand, je länger du in sie hineinhorchst, wird größer, immer größer. Ohne einen Millimeter an Ausdehnung zu gewinnen, überwächst sie dich, deine vergängliche Existenz. Du bist ein Monstrum an Vergänglichkeit vor ihr, ein keuchendes, fressendes, ruheloses, furchtbeladenes Insekt. eine riesige, flügelschlagende Eintagsfliege. Sie aber liegt unbewegt und leicht in deiner Hand; und hieltest du sie bis zum Tode unaufhörlich so gefangen, – noch in deiner fühllosen Hand tönte sie ihr Lied. und dein unfreiwilliges Schweigen würde nicht mehr wiegen als dein freiwilliges Lauschen. Dabei hältst du Totes in der Hand. Aber – es gibt Totes, das Vergänglichkeit kündet, und Totes, das von Ewigkeit singt. Denk an die Statuen, die Bilder, die Partituren ...

Das Land, das du in deine Augen nimmst, ist kahl, ist nackt. Es scheint nur Form, eine einmalige, elementare Form. Aber wie liegt es vor deinen Augen! Im Schlafe, noch nach Jahren und Jahrzehnten werden sie es halten, wenn sie es wirklich *wahr*-genommen haben, das heißt, wenn sie, was sie sahen, für wahr nahmen und nicht als einen vor-

getraumten, aufgeschwatzten, nachgeplap-perten verlogenen Traum.
Sieh dieses Land an ... Es ist kahl. Es ist nackt. Nackt in seinem äußersten Sinn. Wo sich die Geschlechter am innigsten und ungestümsten begegnen, begegnen sie einander nackt, schmucklos. Darum scheut der Mangel, das Gebrechen die Nacktheit. Wenn Griechenland nackt ist, so weil es schön ist. Auf der letzten Stufe ist der äußerste Schmuck die Nacktheit.
Gewiß ist Armut dabei. Aber es ist keine elende und habgierige, sondern eine gelassene, selbstverständliche Armut. Griechenland ist wie ein armes Weib, das den wohlhabenderen Rivalinnen, die sich mit Stoffen und Schmuck behängen, sich mit Salben und Aromen pflegen, ein Schnippchen schlägt: es macht aus seiner vom Öl der Olive glänzenden Blöße sein festlichstes Kleid.
Darum ist Griechenland ein Land für Männer. Es setzt elementare Neigung, Leidenschaft, Witterung voraus. Wer dem Tand der Zivilisation nachläuft, wird Griechen-

land nicht finden. Griechenland ist nicht die Perle, mit der man sich schmückt, sondern die Muschel, die sie gebar.

Das Abendland, das seine Strahlen warf bis an den Ural, tief nach Kleinasien hinein und hinüber nach New-England, diese zersplitterte, oft nachgeahmte, hundertmal verschacherte Perle, kommt von dieser Muschel. Und so viele Muscheln auch an den Strand geschwemmt oder aus der Tiefe gefischt werden zwischen New Haven und dem Persischen Golf, – sie sind alle Epigonen der Muttermuschel, und keine birgt eine ähnliche Perle. Aus vielen Bechern trinken sich die Söhne und Söhnchen, die Enkel und Enkelinnen hellenischer Kultur Lust und Mut an. Aber alle ihre Becher sind kleiner als der Schierlingsbecher, aus dem Sokrates den Tod trank, und der Becher, den Alexander in der Wüste verschüttete, um seinen dürstenden Soldaten ein Beispiel des Verzichtes zu geben.

Vielleicht ist die Nacktheit, die Armut Griechenlands auch heute noch ein Beispiel des

Verzichts, jenes Verzichtes, der nach einem alten Wort der eigentliche Reichtum ist. Auch seine Menschen besitzen nicht viel – trotz Onassis; aber sie verstehen zu entbehren, ohne doch zu entbehren. Sie müssen es sich freilich gefallen lassen, daß mancher Bildungs- und Zivilisationsphilister es übel vermerkt, daß er nicht am zweiten oder dritten Tag seines Aufenthaltes einer Helena, einer Klytämnestra, einem Alkibiades, einem Diogenes unter ihnen begegnet, – sofern er überhaupt ein Auge für die Lebenden hat. Denn zumeist hat er nur Augen – eingestellt wie die Linsen einer Kamera, mit dem romantischen Gelbfilter davor – für das alte, das »klassische« Griechenland, seine museale Phantasmagorie, die er, wie in Zellophan verpackt, mit sich trug und nun als sein legitimes Griechenland-Erlebnis wieder aus- und zurückführen möchte. Aber Griechenland ist schleierlos, ist zeitlos. Es gleicht der Muschel, die das Lied von gestern, heute und morgen tönt.

Wer Ohren hat zu hören, der hört es.

EIN MORGEN AUF PATMOS

Georgios Zouganelis, bei dem ich meine tägliche Flasche Hymettos holte, meine Eier, Sardinen, Zwiebeln, meinen Käse, und der nebenher auch die Agentur von *Tybaldos Brothers* – eine der größeren griechischen Schiffahrtsgesellschaften – vertritt, gab sich alle erdenkliche Mühe, mich von einer Fahrt nach Patmos abzuhalten:
»Warum fahren Sie nicht nach Rhodos?! Rhodos ist wunderschön, unvergleichlich schöner als Patmos! Jeden Dienstag haben wir ein Schiff dorthin, selbst jetzt, da die Saison noch nicht begonnen hat. Aber nach Patmos ... Wer fährt denn nach Patmos, mein Guter ... In der letzten Woche fiel die Linie aus: es gab keine Passagiere. Ich weiß nicht, wie es in dieser Woche sein wird. Gehen Sie sicher; ich rate Ihnen gut. Fahren Sie nach Rhodos!«
Ich weiß, daß Rhodos ein reiches Stück Erde ist, ein Juwel sozusagen unter den Inseln des Mittelmeeres. Aber es ist kultiviertes Land, das einstige Prunkstück des italienischen Dodekanes; ein Ferienparadies. Selbst

die Griechen der Zwölf Inseln räumen zuweilen ein, daß die Italiener viel getan haben, um gerade diesen vorübergehenden Besitz zu pflegen, die straßenbaulichen, die sozialen Verhältnisse zu verbessern. Und der Ehrgeiz der ehemaligen »Kolonisatoren« hat sogar in einem versteckten Stolz der Dodekanesen überlebt, ein wenig besser auf dem laufenden, etwas fortgeschrittener zu sein als die Bewohner der anderen Inseln.
Es lockt mich, Georgios ein wenig hochzu-

nehmen ob seiner ewigen Rhodos-Schwärmerei. Aber ich versage es mir. Die Griechen können sehr empfindlich sein. Ich sage nur:

»Ich möchte aber nach Patmos fahren, mein Bester ...«

Drei oder vier Tage lang ist es noch zweifelhaft, ob das Schiff fahren wird. Aber dann hat Georgios ein Telegramm erhalten, das er eilfertig aus der Tasche zieht ...

»Wo ist es denn?! Ah, hier. Voilà! Sie haben Glück, mein Freund; wenigstens, wie Sie es verstehen. Sie werden morgen nach Patmos fahren, das Kloster ersteigen, den Evangelisten besuchen. Das Wetter ist vorzüglich. Sie werden eine gute Reise haben. Welche Klasse wünschen Sie?«

Wir gehen in einen Nebenraum, und er schreibt das Billett aus: Mykonos – Patmos – Mykonos – Athen. Zweiter Klasse.

Er schreibt sehr sorgfältig. Für diese vier oder fünf Minuten ist er Agent, Sachwalter einer mächtigen Gesellschaft. Aber als er den Namen *Patmos* eintragen will, setzt er doch zu einem griechischen Rho an und hätte sich um ein Haar verschrieben; er muß sich leicht verbessern. Darum nimmt sich das *Patmos* auch besonders stark auf dem Billett aus.

Ich zahle, was zu zahlen ist, und wir gehen wieder in den geräumigen Laden hinüber, wo sein älterer Bruder, dem immer die Brille unter dem Kinn hängt, wenn er nicht gerade rechnet, schon alle Hände voll zu tun hat, um die Kunden abzufertigen. Ich erwerbe die letzte Flasche Hymettos für den letzten Abend auf Mykonos und lasse mir gute Reise wünschen, gute Reise nach Patmos.

Fast täglich gibt es irgendein Schiff, das draußen Anker auswirft – und heute sogar zwei. Das erste ist eben abgedampft; das zweite wird in vier Stunden kommen; gegen Mitternacht also.

Ich esse zu Abend – ein ausnehmend fleischiges Täubchen –, trinke ein paar Glas Rhezina (wie der gelbe, harzbittere Wein heißt, den der einfache Grieche zum Essen

trinkt), beschließe mit einem türkischen Kaffee und hole langsam mein Gepäck.
Vor dem beweglichen Holzgatter, das man der Einfachheit halber gleich belassen hat und hinter dem das Tischchen steht mit der Pappschachtel, in die man seine vier Drachmen wirft – soviel kostet das Einbooten –, tuscheln einige Mädchen, spielen ein gutes Dutzend Kinder. Zwei Matrosen der Hafenwache in ihren weißen Leinen-Uniformen schlendern mit verhaltener Gravität auf und ab. Sie erinnern an die Sonntagnachmittage der Kindheit, an den weißen, ewig Flecken anziehenden Matrosenanzug.
Die Mädchen beginnen einen Schwatz mit ihnen. Dann bilden sie mit den Kindern eine Schlange und ziehen juchzend und lachend auf und ab. Es macht den Anschein, als neideten die beiden Hafenwächter ihnen das kindliche Spiel. Ihr weißer Matrosenanzug verbietet es ihnen mitzuhalten. Es sind immer diese »weißen Matrosenanzüge«, die uns etwas verbieten ...
Die Nacht wird dichter. Die Kinder sind

längst heimgerufen. Die jungen Schönen machen Arm in Arm einen Gang über das Halbrund des Hafens. Nur die beiden Matrosen, auf und ab schreitend, halten noch »Wacht«. Seit die Mädchen sich entfernt haben, sehen sie wieder dienstlicher aus.
Ich habe Muße übergenug, sie zu betrachten. Wie sie, dem Pendel der Uhr gleichend, die tote Zeit abspult, unablässig auf und ab marschieren, steigt in meiner Erinnerung plötzlich eine andere Nacht des Wartens auf, und die beiden Matrosen schlüpfen auf einmal in die Uniformen der beiden frischgebackenen deutschen Feldmarschälle, die ich – man schrieb 1941 – den Marschallstab etwas undienstlich unter den Arm geklemmt, stundenlang auf dem Bahnhof von Hendaye auf und ab schreiten sah, wo sie das Ende der fruchtlosen Konferenz abwarteten, die Franco und Hitler in dessen Salonwagen führten ...
Aber dann taucht ein Licht über dem dunklen Wasser auf und kommt näher. Der Offizier ist plötzlich da. Der Hafen erwacht

noch einmal. Die Schiffssirene huhlt in die Nacht. Mitreisende Griechen kommen, begleitet von ihren Angehörigen, beladen mit Taschen, Körben, Beuteln und Holzkoffern. Motoren werden angeworfen, das Gepäck in die Boote verstaut ... Das Schiff steht jetzt draußen vor dem Hafenrund; die Ankerketten kollern. Wir tuckern hinaus ins Dunkle. Die Stunde des Aufbruchs plötzlich wird es mir bewußt – ist auch die Stunde der Ankunft. Auch das Schiff ist das gleiche, das mich brachte; ein kleiner, alter Kasten, der an seinem Bug einen überprächtigen Namen trägt: »Heliopolis«.
Wir klettern an Bord. Noch einmal der mühsame Laut der Sirene. Die Schiffsmaschine beginnt wieder zu mahlen. Die kleinen Zubringerboote entfernen sich, lösen sich wie Schemen in der Nacht auf, verschmelzen mit ihr. Die »Heliopolis« wendet und setzt ihre Fahrt fort. –

Wenn ich nur wüßte, was dieser widerliche Bursche da von mir will – warum versperrt er den Ausgang!? Er sieht mich hämisch an und fingert rücklings nach der Kabinentür. Es knackt – hat er abgeschlossen? Schweiß bricht mir aus. Nun kommt er drohend näher. Ich sollte schreien – aber ich kann ja nicht! Der verunglückte Motorradfahrer hatte beim Transport ins Krankenhaus seine geschwollene Zunge verschluckt. Wenn ich nun auch meine Zunge verschluckt habe?! Warum kommt denn kein Laut aus meiner Kehle?! Jetzt packt er meinen Arm, schreit mich an – – –

»Ikaria!« schreit es. »Ikaria!« Der kleine krummbeinige Steward geht von Bett zu Bett, faßt jeden am Arm, rüttelt ihn auf, ruft »Ikaria!«.

Es ist zum Ersticken in dieser Kabine. Stundenlang habe ich mich auf meinem Oberbett gewälzt, ehe ich schließlich einschlief. Und nun weckt mich dieser Narr, weil die anderen sieben in Ikaria an Land gehen wollen. Es ist vier Uhr morgens; ich werde schwerlich wieder einschlafen können, zumal bei diesem Prusten und Gurgeln, das die verschreckte und verstimmte Seele wie ein niederträchtiger Schabernack quält. Ich gebe das verwühlte Lager auf, springe in meine Kleider und gehe an Deck.

Die Maschinen stampfen noch auf vollen Touren. Zur Linken liegt Ikaria, ein langgestrecktes, felsiges Eiland, ein verstockter Bergrutsch mit aufgebrochenen Flanken und ockergelben Schrunden – ein Riff für hundert Schiffbrüche, fahle Küste, pastellfarben, urweltlich, hoffnungslos. Endstation einer Odyssee – doch Odysseus kam nie nach Ikaria.

Aber dann klebt doch eine Stadt am felsigen Hang. Der Hafen ist keiner, eine Andeutung nur. Drei Boote nähern sich, zwei mit neuen Passagieren, eines mit Schafen – der Schiffsbauch schluckt alle. Einbooten, ausbooten – wir wenden und nehmen Kurs auf Patmos. Wir entfernen uns, aber das aufsteigende Licht scheint die Entfernung wieder aufzuheben: Ikaria bleibt zurück, aber der anbrechende Tag zieht es als Beute in seinem Strahlennetz hinter sich her . . .

Die Stunde vor Sonnenaufgang ist die nüchternste, kälteste, unerfreulichste von allen vierundzwanzig Stunden der Erdumdrehung. Aber wenn das Tagesgestirn über den Wassern aufgeht, verzaubert es die Welt.
Zuerst sieht man nur die Sonne. Es währt kaum mehr als zwei Minuten, bis sie ihre Achsenspanne durchmessen hat und voll sichtbar ist, ein feuriges Rund, eine seelenlos in sich glosende Kugel, die alles beseelt, selbst diesen barbarischen Felsbrocken Ikaria. Es ist, als ob Niobe, die versteinte, ins Leben zurückgerufen werde: das Farblose wird Farbe, das stumpfe Pastell beginnt zu sprühen, die Säume werden rein. Die Schrunden und Narben des Gebirges scheinen sich zu öffnen, werden weich wie Münder, atmen, lächeln . . . Es ist ein alchimistischer Zauber – ganz natürlich, berechenbar –, aber der Schein antwortet dem Schein wie die Geliebte dem Liebenden: wo das Licht trifft, weckt es Lächeln.
Vier Stunden fahren wir durch den neugeborenen Tag, der Ikaria fahren läßt, Insel

auf Insel anzieht und wieder freigibt. Jede hat ihren Namen, aber jede scheint namenlos. Aufragend aus der irisierenden Fläche der Flut, gleichen die Inseln Eremiten, die alles hinter sich gelassen haben, um einsam zu sein. Aber alle diese Insel-Eremiten tragen Namen, sind Wohnplätze, und von manchen drangen vor Jahrtausenden Gesichte und Rufe über Meere und Grenzen hinaus, die heute noch bewegen. Auf Delos gebar die verstoßene Leto den Lichtgott Apoll. Auf Lesbos dichtete Sappho ihre Strophen. Auf einer anderen Insel entstanden die Offenbarungen eines der Evangelisten, des einzigen Sehers und Propheten des Neuen Bundes, der seine Weissagungen beginnt mit den Worten:

Ich, Johannes, der auch euer Bruder und Mitgenosse an der Trübsal ist und am Reich und an der Geduld Jesu Christi, war auf der Insel, die da heißt Patmos, um des Wortes Gottes willen und des Zeugnisses Jesu Christi ...

Gegen sieben Uhr, in der Fülle des jungen Lichtes, am Festtage »Peter und Paul«, der auch der Namenstag des griechischen Königs war, kam Patmos in Sicht, das sich auf der Landkarte wie ein zerlaufendes Gerinnsel ausnimmt, an dessen dünnster Stelle die Hafenbucht liegt, der die »Heliopolis« nun zustrebte.

Die blauweißen Fahnen wehten, und die Menge, die das Schiff erwartete – nur zwei-, höchstens dreimal in der Woche legt hier eines an –, war sonntäglich gekleidet und winkte den Ankommenden zu. Fast alle, die den Weg ans Land nahmen, waren gekommen, um den Feiertag für einen Besuch des Klosters zu nutzen, das beherrschend und weithin sichtbar wie eine Trutzburg die gebirgige Insel krönt.

Ich wußte nicht, daß ihr der von Domitian im Jahre 95 hierher verbannte Apostel in seinen Gebeinen ein Ehrfurcht wie Neugier herausforderndes Relikt anvertraut hatte. Ich sah nur die Insel, die mir geweiht schien, da ein Liebender sie einst betreten hatte.

Der anderen Mitreisenden nicht achtend, die auf ein Fahrzeug warteten, das sie für etliche Drachmen den Schweiß aufsparen ließ, machte ich mich an den Aufstieg und vergoß den meinen gern.
Es war Ende Juni, die Sonne stand schon hoch. Der Weg war rüdestes Kopfsteinpflaster und führte, immer wieder von der schön geschwungenen Serpentine der Fahrstraße geschnitten, geradenwegs bergan. Er war von einer kniehohen Mauer gesäumt, und je beschwerlicher der Aufstieg wurde, desto häufiger ging ich ein Stückchen auf der ebeneren Mauer.
Manchmal vermeinte ich, Georgios Zouganelis neben mir zu hören:
»Glauben Sie mir jetzt, daß es schönere Inseln in Griechenland gibt als Patmos, mein Lieber?«
»Unsere Vorstellungen von Schönheit«, erwiderte ich ruhig dagegen, »sind vielleicht verschieden, Georgios. So kahl, wie Sie sagen, erscheint mir übrigens Patmos nicht. Sehen Sie da die Weinhänge? Sehen Sie,

wie man Stufe um Stufe fruchtbare Vierecke angelegt hat? Hier wachsen mehr Bäume als auf Ihrem Mykonos. Sicherlich weniger als auf Rhodos freilich . . .«

Aber er raunzte weiter in seinem leicht rechthaberischen Ton:

»Eine schauderhafte Straße . . . das müssen Sie doch wohl zugeben. Oder?«

Nein, ich gab es nicht zu:

»Ich könnte ja die Fahrstraße gehen, die von den Italienern angelegt worden ist. Aber wenn ich die Wege wüßte, die der Evangelist gegangen ist, würde ich sie gehen, und wenn sie noch beschwerlicher wären.«

»Soso . . .«, hörte ich ihn. »Freilich. Das ahnte ich nicht. Ich wußte gar nicht, daß Sie fromm sind!«

»Mit Frömmigkeit hat das nichts zu tun, Georgios. Ich habe nur eine Schwäche für Leute, die zu lieben verstehen – oder verstanden. Außerdem schätze ich Menschen mit kühner Phantasie. Wie Sie vielleicht wissen . . .«

»Oh, ich weiß durchaus!« fiel er mir ins Wort. »Ich bin durchaus bibelfest, wie man so sagt. Immerhin ... Dieser Johannes hat es Ihnen angetan. Da steht Ihnen noch eine Überraschung bevor. Denn ich respektiere natürlich Ihre Neigungen.« Und dann, nach kurzer Pause: »Die Hälfte des Weges haben Sie übrigens schon geschafft. Ich sehe es an jenem Gebäude da!«

Es war ein sehr häßliches Gebäude – man hätte es nur zu gern übersehen. Aber es war nicht zu übersehen. Wie man einen solchen Kasten hierhin setzen konnte!

»Was für eine Fabrik mag das sein ... Ein Elektrizitätswerk vielleicht?«

Georgios kicherte kurz. Dann sagte er mit unverhohlenem Vergnügen:

»Es ist ein Priester-Seminar, mein Lieber. Eine überaus fromme Fabrik.«

Ich trachtete, daß mir das Ding aus den Augen kam, schlug mir Georgios Zouganelis aus dem Sinn und stieg von neuem bergan in der brennenden Sonne. Ich schwitzte ehrlich und verfluchte im stillen den Schuster von Mykonos, der mir meine Absätze so barbarisch gerichtet hatte. Auf diesem gröbsten aller Kopfsteinpflaster entdeckten sie ihre miserable Struktur. Schon nach fünf Minuten saß ich wieder auf der Mauer und sah hinunter aufs Meer. Da lag die »Heliopolis«, noch kleiner als sie schon war. Aber das war gut so. Um so ursprünglicher, unberührter spiegelte sich die Schöpfung in sich selbst.

Zwei-, dreimal ruhte ich noch auf der kleinen Mauer aus; längst hatte ich mich der Jacke entledigt. Aber dann trat ich in den Schatten der Gäßchen, die wie ein Geflecht von Adern von allen Seiten her dem geheimnisvollen Herzen – dem Kloster – zustrebten, das die Insel, gleich einer Herz-Jesu-Statue, offen auf der Brust trägt.

Es glich der Burg eines Knaben. So trutzig es sich von unten her ausnahm, so zufällig und wirr erwies es sich an Ort und Stelle. Aber – vielleicht war gerade dieses Zufällige der eigentliche Reiz des Klosters. Hier hatten die Laune und die beschränkte Möglichkeit gebaut. Kann man nicht von der Hand in den Mund leben und doch etwas zustande bringen dabei ...?

Am Eingang stand ein junger Mönch. Ein fast noch knabenhaftes Lächeln hielt sich in dem schon dicht gewachsenen, sich leicht kräuselnden Bartgespinst verborgen, das wie Seide die Reflexe des Lichtes spiegelte. Er grüßte wortlos und trat einen Schritt zurück, so daß die Falten des losen schwarzen Habits in Bewegung gerieten, und einmal mehr wollte mir die Tracht der griechischen Popen als das kleidsamste aller Priestergewänder erscheinen. Wie jung das schöne Gesicht, die schlanke Gestalt doch waren ... Aber das hohe runde Barett verlieh selbst dieser Jugend eine selbstverständliche Würde. Bis auf die schmalgliedrigen weißen Hände und die Partie zwischen Haupt- und Barthaar, aus der die Augen eines Rehs zu blicken schienen, ging das festliche Schwarz ohne Unterbrechung vom Rande des Popenhutes bis auf die Schuhe hinab. Einen Augenblick lang wähnte ich, einer beseelten Statue gegenüberzustehen. Vielleicht hatte ich ihn ein wenig zu offen betrachtet –, er schlug den Blick nieder und trat in den winzigen Raum neben der Pforte, in dem ein Kasten mit Ansichtskarten stand und einige religiöse Andenken auslagen. Er setzte sich an den Tisch und sah wieder auf.

Ich fragte ihn französisch nach der Einlaßgebühr.

Er bewegte die Augen auf jene sprechende Art aufwärts, die in Griechenland ein Nein oder auch ein »Ich verstehe nicht« bedeutet. Ich versuchte es englisch. Das gleiche Augenspiel.

Ich schalt mich insgeheim, ihn so überflüssigerweise in Verlegenheit gebracht zu haben, denn natürlich sprach er, hier auf dem Boden des alten Dodekanes, italienisch. Aber er war so jung – er verstand mich auch jetzt nicht. Sicher war er noch ein Schulbube gewesen, als die Italiener Patmos verlassen hatten. So mußte ich denn auf griechisch die plumpe Frage nach der Anzahl der zu entrichtenden Drachmen stellen. Und nun schüttelte er lächelnd den Kopf und sagte ein leises »Tipota«. Nichts. Es klang so weich und melodisch – eine Regung von Mitleid rührte mich an. Glich er nicht einem schönen Beginchen, das unter der riesigen gestärkten Flügelhaube die Blüte seines Lebens begraben hat, noch ehe die Natur sie zur Fruchtlosigkeit verurteilt? Ich kaufte zwei Ansichtskarten, verriet ihm, daß ich ein Deutscher sei, und betrat das Labyrinth der frommen Festung. Unmittelbar zur Linken des schmalen Innenhofes fiel der Blick in eine Kapelle, in der die Flämmchen der dünnen Stifterkerzen züngelten, durch die auch hier der christliche Besucher oder Wallfahrer sein Glaubenslicht aufleuchten läßt. Ein älterer Pope, in leicht zerschlissenem Habit, stand einladend an der winzigen Pforte. Es war fast eine Krypta, schmal und ziemlich niedrig. Ein Altar stand an der Breitseite; an der schmalen gewahrte ich eine silberne Lade.

Ich stand unschlüssig; aber da betrat ein

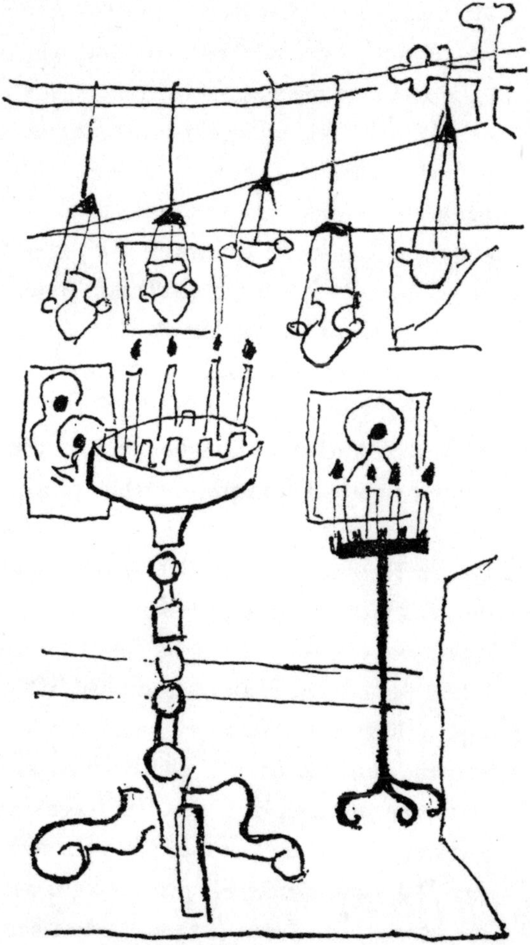

älteres Ehepaar den Raum, sah sich scheu um, und die Frau wies auf die Lade.

»Die Gebeine des Evangelisten . . .«, sagte der Pope mit freundlichem Ernst. »Kommt näher!«

Ich hörte Georgios hinter mir flüstern: »Nun, ist das keine Überraschung? Lohnt es sich nicht?! Sehen Sie sich Ihren Freund ruhig an. Er ist es gewohnt . . .«

Ich sah, wie die Frau sich etliche Male bekreuzigte, inbrünstig, eilfertig, beinahe bußfertig. Auch der Mann bekreuzigte sich, aber nur einmal, linkisch, unsicher, pflichtbewußt.

Dieser Abstand der Geschlechter voneinander, wenn das Wunderbare ihnen begegnet – im Symbol oder in der Reliquie –, ist wohl international. Die Frau erscheint bedürftig, fast süchtig. Der Mann wird verlegen, erschrickt fast. Es ist das gleiche leise Erschrecken, das zwischen den Geschlechtern aufsteht, wenn die Gefühle gewogen werden. Der Mann denkt: Sie geht zu weit; was macht sie ein Wesen daraus . . . sie über-

treibt...! – Die Frau denkt: Er bleibt zurück; er läßt mich allein. Warum läßt er mich allein...?
Der Pope machte ein eingelegtes Glasfensterchen frei, unter dem der Schädel dessen sichtbar wurde, der Johannes sein sollte! Die Frau küßte das Fensterchen und bekreuzigte sich wieder eifrig. Der Mann blickte hinein, und während seine Frau die Lippen flüsternd bewegte – geheimnistuerisch, mit unterwürfiger Ergebenheit dem Popen zunickend –, stieß er einen leichten Seufzer aus, der vielleicht Ergriffenheit bedeuten sollte. Dann schlug er ganz rasch noch ein flüchtiges Kreuz.
Ich suchte den Geist der Liebe, den Geist apokalyptischer Gesichte und – – blickte nieder auf den Totenschädel. Dann trat ich zurück und hinaus auf den Innenhof. Nicht eine Sekunde lang, in keiner Geste hatte der grauhaarige Pope Routine bekundet. Aber die Frau hatte aus ihm einen Schausteller gemacht.
Ich stieg treppauf und suchte den Blick ins

Freie; aber es schien keinen zu geben. Hinter mir hörte ich Georgios: »Ich möchte wohl wissen, was Sie denken. War es ein Erlebnis?«

»Wenn Sie es denn wissen wollen, Georgios: ich mache mir nichts aus Reliquien. Sie lenken das Auge auf die Materie, auf den Rest der Materie. Wenn *ich* an Johannes denke, so legt er sein junges schönes Haupt schwärmerisch an die Brust seines todgeweihten Herrn. Oder er steht als einziger der Apostel und Jünger unter dem Kreuz. Oder er läßt den sehnsüchtigen Blick des Verbannten über das Meer gehen und sieht mehr, als er sieht. Ich sehe einen Lebendigen ...«

»Und nun sahen Sie ein Skelett. Sein Skelett!« Und im Flüsterton fast: »Ich persönlich wage übrigens zu bezweifeln, daß es das Skelett des Apostels ist. Würde es Sie erschüttern, wenn dem so wäre?«

»Nein, Georgios. Es wäre wohl nur von Belang für jene Frau da. *Sie* dürfte sich betrogen fühlen.«

»Und Sie kann man nicht betrügen, wie?«
»Ich kann mich täuschen«, lautete meine Antwort. »Aber es ist besser, sich zu täuschen als getäuscht zu werden. Sehen Sie: Ich weiß recht gut, daß Sie jetzt auf Mykonos am Hafen sitzen und Ihren Uso trinken, ein oder auch zwei Gläschen jeden Sonn- und Feiertag vor dem Essen. Aber ich lasse Sie hier reden, wie es Ihnen oder vielleicht auch nur: wie es mir gefällt. Johannes hat hier die merkwürdigsten Wesen, ja sogar den Thron Gottes erspäht. Warum sollte ich nicht Georgios Zouganelis hierher zitieren, gerade weil er doch viel lieber nach Rhodos gegangen wäre?! Diese Täuschung ist mir sympathischer als ein möglicher Betrug. Und zum Thema: Ich halte es immerhin für möglich, daß es die Gebeine des Johannes sind. Aber diese Frage beschäftigt mich nicht.«
Damit beendete ich das Frage- und Antwortspiel und überließ ihm, schon wieder treppauf steigend, das letzte Wort:
»Ich sehe, daß ich hier überflüssig bin. Ich

verabschiede mich gehorsamst. Versäumen Sie sich nicht zu sehr. Das Schiff fährt pünktlich um elf Uhr wieder ab. Am Ende schlügen Sie noch Wurzel hier ...«

Ich fand dann doch noch einen Ausguck: im Zimmer des zivilen, gut französisch parlierenden Klostersekretärs, der im obersten Aufbau, in einem recht geräumlichen Zimmer, wie ein weltliches Tüpfelchen auf dem metaphysischen Jota des Hauses schwebte.

Er erwies sich als gefällig, geweckt und redefreudig, erklärte mir die Bilder an den Wänden – kirchliche Historienmalerei, Konzile darstellend – und verriet, daß das Kloster an derselben Stelle erbaut sei, auf der sich einst ein Tempel der Artemis erhoben habe, die hier auf Patmos sehr verehrt worden sei. »Der Triumph des Christentums ...«, sagte er in einer Anwandlung von beamtetem Fremden-Führertum und straffte unwillkürlich seine hübsche Weste.

Die alten Griechen haben viele ihrer Tempel an den schönsten Punkten der Landschaft errichtet, – ihre Reste lassen heute noch die oft einzigartige Lage erkennen; man denke an die Akropolis oder an Kap Sunion. Auch hier war so ein idealer Punkt gefunden worden. Das Christentum hatte ihn übernommen. Aller Wahrscheinlichkeit nach waren im Fundament des Klosters auch noch Reste des Artemis-Tempels verbaut worden. Was sollte dagegen sprechen ... Aber die verwinkelte Anlage des christlichen Tempelbaus verwehrte dem ausblickenden Auge jede umfassende Sicht. Der Blick auf die Schöpfung Gottes war verstellt. Ich stand gebückt an einem der niedrigen Fensterchen des Raumes und fühlte mich wie in einem Verlies. Gefangen wie die Gebeine im silbernen Sarg ...

An dem schönen jungen Popen vorbei suchte ich schließlich das Freie und fand nach einigem Suchen eine Stelle, die dem Auge bot, wonach es hungerte. Der Klosterbau sank in sich zusammen, und ich baute den Tempel der göttlichen Jägerin wieder auf. Der warme Mittagswind umspielte die Säu-

lenreihen, die das grelle Licht hellte. Und nun war der Blick frei auf die Insel, die in Kaskaden mit ihm hinuntersprang zum Meere, das seine warme Bläue über die Tiefen spannte. In der Ferne waren Ceros sichtbar und die Schwammfischerinsel Kalymnos. Die Luft flimmerte, die Sonne loderte. Die Jahrtausende drängten sich in diesem, zu diesem Augen-Blick zusammen. Artemis und Johannes begegneten sich auf gleicher Höhe – für die Dauer eines Herzschlages schien die Waage stillzustehen. Dann hob sich die Schale der Göttin, und sie entschwand in lichten Höhen, während der Evangelist niedersank auf den Fels, aus dem das Kloster wieder aufwuchs, ihn mit seinen verwitterten Mauern umschließend. –

Ich stieg bergab, wieder den gleichen beschwerlichen Weg wählend, und kam müde im Städtchen unten an.

Da vernahm ich schönen Gesang und ging dem Laut nach, der anschwoll, und stand bald am Eingang zu einer Kirche. In gold-

glänzendem Ornat, von Weihrauch umwölkt, vollzog ein Pope an dem jüngsten der Bewohner von Patmos den Taufakt – im Angesicht der von der eben beendeten Messe her noch anwesenden Gemeinde.
Es war mir, als taufte man da den ersten Christen.

EIN TAG AUF MYKONOS

Die »Heliopolis« fuhr mit geringer Verspätung von Patmos ab, legte am Nachmittag wieder vor Ikaria an und hielt dann Kurs auf Mykonos. Eine Bora kam auf, einer jener tückischen Stoßwinde, die wie ein Blasebalg arbeiten: Der Wind drückt lange mit wütender Heftigkeit gegen den Schiffsleib und scheint dann plötzlich, am Ende seiner Kraft, erschöpft in sich zurückzusinken, aber offenbar nur, um neu Atem zu schöpfen und dann mit gespannten Lungen wieder über das Opfer seines Angriffs herzufallen.

Der Himmel war rein, leuchtend blau; das Sonnenlicht stark wie an jedem schönen Tag. Aber die unruhige See bot ihm keinen Spiegel, auf den es hätte auftreffen können. Und so schien alle Helle in Milliarden von demanten funkelnden Atomen zwischen See und Himmel vor den Stößen des Windes herzutreiben, ein durchsichtiger Wirbel von stäubendem Licht, der dem felsigen Ikaria zugetragen wurde, um endlich darauf auszuruhen als ein kalter, metallisch glänzender Meltau, der das Unwirtliche der zyklopischen Insel noch steigerte. Ähnlich dem Gesicht eines Schauspielers, dessen Schärfe und Falten durch Puder, Schminke und Stift noch betont und vergröbert werden, nahm die Landschaft etwas Maskenhaftes an.

Das Meer aber rang unablässig mit dem Winde, der es aufwühlte und doch zugleich wieder fesselte. Es wogte in sich selbst unter dem Ansturm der wehenden Gewalt und wurde doch durch die gleiche Gewalt wieder gehemmt – so wie eine allzu offen umworbene und begehrte Frau durch die Zügellosigkeit des willkommenen Werbers unfreiwillig wieder in die Bande geltender Sitten gedrängt wird. Welle auf Welle stürmte, vom Winde getrieben, seitlich gegen den Schiffsleib an, brach sich und zerschäumte. Aber derselbe Wind drückte die aufsprühende Gischt sofort wieder nieder. Es war ein hinreißendes Schauspiel, dieses erregende Ringen; ein wildes Liebesspiel der Elemente. Ich sah ihm stundenlang zu.

Erst gegen den Abend hin beruhigte sich der stürmische Wind, und in der aufkommenden Dämmerung ankerten wir vor dem Hafenrund von Mykonos.

Ich stand an der Reling, als die klobige Stahlkette aus dem Schiffsrumpf polterte. Wochenlang hatte ich da drüben gewohnt, hatte die Schiffe ankommen und wieder abfahren sehen, hatte den Tag der Insel geteilt. Nun war es Abend. Was blieb? –
Es blieb eine Summe von vielen Tagen, unter die dieser Abend einen Strich zog. Und wenn die Erinnerung Posten um Posten, bei jedem einen schmerzhaft-seligen Augenblick verweilend, zusammenzog, floß alles zusammen zu einem einzigen Tag. Über der stumpfen Ödnis, die wir eben umfahren hatten, über dem dunkelnden Hafenrund und den dahinter verschwimmenden Häusern ging zum letzten Male die Sonne auf und erhellte die Bühne.
Die Bühne des Geschehens ist schmal, leicht übersehbar. Man braucht nur an das Halb-

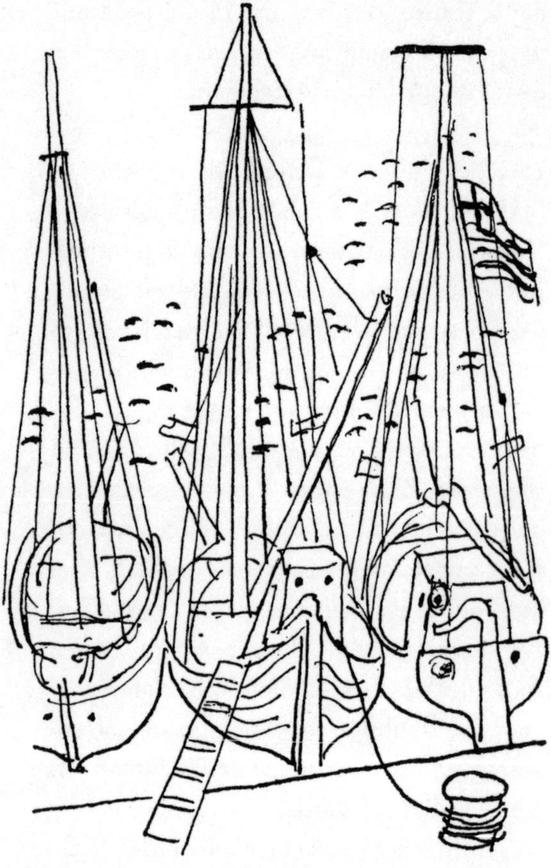

rund eines griechischen Theaters zu denken: das ist die Linie des Hafens. Von der Mitte des Halbrunds aus sieht man am linken Auslauf ein Stück Kai, vor dem die Segler liegen. Es scheint, daß sie immer dort liegen. Einmal fährt dieser nach Naxos, jener nach Paros, ein anderer nach Tinos; man nimmt es kaum wahr. Es gibt keine festen Abfahrtszeiten, keine bestimmte Ankunft. Nur das Schiffchen von Louisos Galounis hat seine feste Funktion: es fährt täglich nach Delos und zurück. Sonst unterscheidet es sich in nichts von den anderen Schiffen, außer durch seinen Namen: »Elevtheria« – Freiheit heißt es. Sein Anstrich ist verwittert; die beiden Matrosen sehen wie jedermann aus, der hier auf eigene Faust zur See fährt: barfüßig, barhäuptig, meist nur mit Hemd und Hose bekleidet. Wie in einer Herde drängt sich Schiffsleib an Schiffsleib, eine Flottille von kleinen Piraten, die sich vor den Ordnungsmächten der Welt auf den Handel zurückgezogen haben.

Der größte Teil von Mykonos scheint Kulisse. Hinter dem Häuserkreis des Hafens staffeln sich in wirrer Verschachtelung die Gäßchen, in denen neun Zehntel der Einwohner leben. Gäßchen – das ist schon übertrieben; es sind Gänge, anderthalb, höchstens zwei Meter breit. Da und dort ein winziger Platz, wenige Quadratmeter im Geviert, selten mehr.

Hier leben kleine Handwerker: Bäcker, Metzger, Schuster, ein paar Gemischtwarenhändler; die vielen Namenlosen. Man braucht sie alle; aber man sieht sie kaum. Alles, was mehr als fünfzig oder hundert Meter von deiner Wohnung entfernt und im Gewirr der Gäßchen liegt, scheint auswechselbar: man findet als Fremder nichts wieder. Wenn man die andeutende Gerade einer Straße verläßt und abbiegt, scheint der Zufall zu regieren. Mykonos ist ein Labyrinth, und keine Ariadne gibt dir einen Faden in die Hand. Merke dir den Weg zum Hafen; dort ist alles übersehbar. Dort ist die Bühne.

Jeder Ort hat seine Farbe. Als Insel ist Mykonos graubraun. Die kleine Stadt aber ist weiß. Alle ihre Häuser sind weiß; selbst die Steine der Straßen und Gäßchen sind weiß gekalkt. Dieses Weiß soll die Armut der Insel überspielen. Und wahrhaftig: wenn man vom Schiff aus das Bild der vielen weißen Häuschen sieht, ist man bezaubert. Die Sonne macht das Weiß weißer, und der beinahe unablässig, bald stärker, bald schwächer wehende Meerwind macht das Weiß wehend, luftig. Und weil die Gänge so schmal sind, gibt es keinerlei Straßenlärm, keine knarrenden Wagen, keine knatternden Autos. Der zierliche Huf des Esels macht kein Geräusch. Du mußt achtgeben, daß du eines der Gemüseweiber wahrnimmst, die am frühen Morgen durch die Gänge ziehen und feilbieten, was der spärliche Ertrag des Bodens abwirft: Gurken, Tomaten, Kartoffeln, Bohnen, Zwiebeln ... Es kann Wochen dauern, bis du das System der »Müllabfuhr« ergründest, das der Straßenreinigung. Aber dann begegnet dir doch eines

Morgens der Mann mit dem Esel, du siehst ihn den Kehricht auffegen und in die an den Eselsflanken aufgehängten Körbe schütten. Wie soll das Geräusch verursachen ...
Oft ist es so still: du gehst durch die Gäßchen, – da sitzt in einem weißblendenden Sonnenwinkel eine getigerte Katze, und ihr zielender Blick schießt in dieser Lautlosigkeit ein tödliches Erschrecken in dein Herz.
Natürlich fahren die Fischer frühmorgens aus; der Bäcker richtet seinen Teig an. Der Müller zieht den Segelfächer seiner Windmühle auf. Die Kinder spielen in den Gängen, rufen, lachen und schreien wie überall auf der Welt. Aber stärker als jedes Geräusch ist der Wind, auch wenn du ihn eines Tages nicht mehr wahrnimmst. Der Wind ist der Grundakkord, über dem das Schweigen lautlos aufsteigt.
Man muß freilich eine Woche oder länger auf Mykonos leben, um dieses Schweigen wahrzunehmen. Am ersten Tag, in der ersten Nacht meinst du, dieses unaufhörliche pfingstliche Brausen werde sich nie über-

hören lassen. Oder du glaubst, ein Sturm kündige sich an. Wenn du dann ans Fenster trittst, ist die Nacht hell und klar. Den Weg des Mondes kreuzt keine Wolke; kein Stern fehlt. Nichts – nur ein wenig Weltmusik. Du kannst dich ruhig schlafen legen. Und du wirst schlafen.

Wenn dann, nach drei oder vier Tagen, der Wind einmal aussetzt – meist nur für wenige Stunden –, fühlst du plötzlich, daß etwas unvollkommen ist in der Ordnung der Dinge: du vermissest den Wind, der zum Herzen der Ägäis gehört wie das Rauschen zur Muschel, der Schlag des Herzens zu deinem Leben.

Ein wenig kommt es freilich darauf an, wo du Wohnung nimmst. In der Enge der schmalen Gäßchen verfängt sich selbst dieser erfahrene Wind und ermüdet. Ich zum Beispiel wohne in Aléfcandra, etwa zweihundert Schritte hinter dem Hafen, auf der felsigen Landzunge. Wenn ich auf den lächerlich kleinen Balkon trete, kann ich ohne jede Mühe ins Meer spucken, und wenn die

See ihrerseits danach gestimmt ist, spuckt sie mir mit Leichtigkeit gegen Tür oder Fenster; denn das Häuschen ist wahrhaft auf Fels gebaut. Es gehört dem Delos-Fahrer Louisos Galounis und enthält einen großen Raum zu ebener Erde – den ich bewohne –, einen oberen, der ebenfalls an Fremde vermietet wird, und einen daneben, der als Küche dient und in dem der große Webstuhl der Familie steht.

Als ich die erste Nacht in diesem Häuschen verbrachte, wußte ich wenig von den Gegebenheiten des Ortes, nur dies, daß ein junges Paar aus der Schweiz über mir wohnte. Der starke Wind hatte mich lange nicht zur Ruhe kommen lassen, und allzu früh am Morgen zermürbte ein monotones Geräusch meinen späten Schlaf. Kein verstimmendes zwar, aber doch auch kein beruhigendes. Ich war dankbar, als es aussetzte, und fiel eben wieder in einen dünnen Morgenschlaf, als das rhythmische Spiel von neuem ein- und sich solange fortsetzte, daß meine bisherigen Vorstellungen von schweizerischer »Urchigkeit« in den Bereich der Naivität verwiesen schienen. Schließlich sprang ich aus dem Bett und trat auf den kleinen Balkon hinaus, wo mich die morgendliche Brise erfrischend anwehte. Auch ihre schöne Regellosigkeit ordnete sich rasch dem alten Gleichtakt unter. Aber nun zeichnete sich alles deutlicher in meinem Gehör ab, und mit einem Male begriff ich: das alarmierende Geräusch kam nicht von der Schweizer Höh, sondern aus dem zu gleicher Erde gelegenen Nebenraum, wo eine der Galounis-Töchter fleißig am Webstuhl wirkte, das Schiffchen munter auf und ab sausen ließ und nach jedem Einschuß den Rahmen energisch gegen das wachsende, lockende Gewebe preßte, damit alles sich zusammenfüge zur gottgewollten und menschlich leistbaren Ordnung eines anziehenden neuen Entwurfs. –

Auch das gegenüberliegende Häuschen gehört unserem Louisos. Die Großmutter, das Ehepaar und die drei noch unverheirateten Töchter bewohnen es. Allerdings – den alten

Louisos sah ich nie in Aléfcandra. Er schläft wohl nur dort. Der wache Louisos ist nur auf dem Schiffchen oder auf der Bühne des Hafens anzutreffen, wo einer der Schwiegersöhne – er hat ja fünf Töchter, dazu einen Sohn, den jüngsten, der in Athen das Gymnasium besucht – ein Cafenion gepachtet hat und wo die Webwaren aushängen und ausliegen, die die Töchter verfertigen.

Kinder und Schwiegersöhne sind gut geraten. Aber am besten er selbst. Immer trägt er unter dem Hemd das dicke wollene Unterhemd; immer die mehrmals um die Taille geschlungene Leibbinde; immer die schon etwas welke Schiebermütze. In seinem braunen, wind- und wettergegerbten Gesicht treffen sich alle Züge des Griechen: Unternehmungslust, Sachverstand, Geschäftssinn, Unbefangenheit. Sein Wesen atmet unablässige, aber niemals hektische Aktivität. Seine Dinge stehen gut. Er ist einer der Hauptdarsteller.

Er eröffnet auch das Spiel des Tages, indem er einen seiner Leute auf einer riesigen

rosigen Muschel Signal blasen und damit verkünden läßt, daß sein Schiffchen gleich nach Delos ausfahren wird.
Dann eilen die Fremden herbei und balancieren über die beiden schmalen Laufstege, die nichts als einfache Bretter sind. Den Motor wirft er selbst an. Dann setzt er sich auf die Ruderbank, nimmt das Steuer in die Faust und verläßt Mykonos für mehr als vier Stunden. Seit dreißig Jahren ist das so, und jedermann weiß, daß seine Abwesenheit Handlung bedeutet, Handlung, die dem Ruf der Insel, unumgänglicher Brückenkopf nach dem alten, heiligen Delos zu sein, zugute kommt.
Während seiner Abwesenheit geschieht nichts Besonderes. Der Briefträger trägt die spärliche Post aus. Ein paar Händler ziehen mit ihren Eseln über das Hafenrund und durch die Gäßchen. Die Fremden, die nicht nach Delos gefahren sind, frühstücken in der Morgensonne. Die drei Barbiere warten auf Kunden; und Georgios Zouganelis spannt das große weiße Sonnensegel vor

seinem Laden auf, in dem alles zu finden ist, was der Mensch auf seinem Wege von der Wiege zur Bahre nur irgend benötigen könnte. Schwerlich wird man einen solchen Laden in Mitteleuropa finden, und ganz gewiß zählt Georgios zu den wichtigsten und wohlhabendsten Leuten auf Mykonos. Selbst den Weg in die nähere und weitere Welt vermag er zu ebnen – durch die Schiffsbilletts, die er auszugeben von den Gebrüdern *Tybaldos* in Athen ermächtigt ist.

Aber da sehe ich auch den Direktor der kleinen Bank, die im Sommer als Zweigstelle eines Athener Unternehmens geöffnet ist, sein Büro aufschließen. Seine Sekretärin, der ein seidiger dunkler Flaum über der schwellenden Lippe sprießt, erwartet ihn schon. Auch Niki, die Louisos-Tochter, die mit dem ranken Seemann Janni verheiratet ist, legt die Webereien der Familie vor dem Cafenion des Schwagers aus. Ihre Bewegungen sind fahrig, ihr Herz ist schwer – in einigen Tagen wird Janni für drei Monate auf große Fahrt gehen. Was interes-

siert sie da die Konkurrenz, die ebenfalls ihre Webwaren ins beste Licht setzt . . .
In den beiden Speiserestaurants hantieren indes die Köche und richten die Mahlzeiten. Die Fischer haben zwei große Hummern gefangen, eine seltene Beute, und ein paar ansehnliche Fische dazu. Auch die Hühnchen, die von gestern noch übriggeblieben sind, wollen ein wenig ansehnlich hergerichtet werden. Der Kalbsbraten ist frisch. Jeder darf ja in die Küche gehen und auswählen, was Auge und Gaumen lockt. Die gefüllten Tomaten sehen am dritten noch wie am ersten Tag aus. Nur der Reis ist nicht mehr so körnig. Man hat sein Tun.
Kinder spielen zwischen den Booten oder baden. Und ganz gewiß wird auch in einem der mehr als dreihundert winzigen Kapellchen, die über die ganze Insel verstreut sind, eine Kerze entzündet, ein Gebet verrichtet.
Aber sonst? Was geschieht? – Man wartet.
Man wartet auf den Mittag; und wenn der endlich gekommen ist, geht man nach Haus oder setzt sich unter das Sonnensegel eines

der Restaurants, speist, nachdem man die verschiedenen Gerichte in den großen Zinnschüsseln besichtigt und gewählt hat, in aller Gemächlichkeit und blickt ab und zu nach Louisos aus, der nun bald von Delos zurückkommen und noch ein paar Gäste bringen sollte. Und wenn sein Schiffchen schließlich einfährt, ist das einzige Spannungsmoment erloschen.

Zudem ist die heißeste Zeit des Tages gekommen. Ein Stündchen der Ruhe oder auch zwei erscheinen angeraten. Es wird in ihnen nichts passieren. Was sollte denn hier auch »passieren« ...

Mein Wirt Louisos würde vielleicht lächeln ob so fahrlässiger Bemerkung. Ist das nichts, daß man sechs Kinder aufzieht, sein Gewerbe ausübt, seine Netze auswirft, sein Schiffchen steuert, seine Fische, seine Fremden, seine Schwiegersöhne, seine Drachmen an Land zieht? Das Entscheidende, mein Lieber, das auf die Dauer Entscheidende geschieht vielleicht in den Kulissen. Gehen wir in die Kulissen. Hörten Sie nie etwas

von der Stunde des Pan? Um fünf Uhr nehmen wir dann einen Kaffee ...
Es ist gar nicht sicher, ob er dann auch zur Stelle ist, der wackere Louisos, aber auch nicht von Belang. Es gibt genug interessante Leute jetzt, die herumflanieren oder einen Kaffee mit einem nehmen können. Zum Beispiel die leicht angegraute Malerin aus Paris, die sich auch als gewandte Fotografin empfiehlt – sie hat während des Krieges und auch hernach noch ganz anderen deutschen Schriftstellern ein höchst attraktives Profil verliehen. Oder der junge Amerikaner, der seit Jahren in München wohnt und so anmutig männlich aus der Hüfte zu gehen versteht und dessen linguistisches Talent so offensichtlich ist, daß sein malerisches getrost weiter im Dämmer des Geheimnisses bleiben darf. Oder das junge holländische Ehepaar, das den üblichen Vorstellungen, die man von diesem Volke hegt, zu widersprechen scheint, ohne freilich außergewöhnliche ganz zu rechtfertigen; denn die dunkelhaarige Dame

trägt ihre aparten Mandelaugen so gefällig zur Schau, daß sie rasch auf den Marktwert von Kastanien absinken und den netten schlaksigen Gatten nicht eben als Gourmet ausweisen. Oder einen der redefreudigen Griechen von anderen Inseln, die sich hier auf Mykonos wochenlang aufhalten, um einem immer nur das Lob ihrer eigenen Insel zu singen. Auch den englischen Archäologen sieht man – trotz Cypern – unangefochten unter griechischer Sonne spazierengehen. Und siehe da! Ein Schwarm von jungen Studentinnen aus den Vereinigten Staaten, hingerissen, unsicher, urlaubsfreudig schwirrt daher, bunte Kolibris der Zivilisation, auf einem Felsen der Ägäis nach den Dachgärten der Semiramis suchend. Dazwischen die Mädchen und Männer von Mykonos, den Feierabend eröffnend, das nächste Schiff erwartend.

Täglich kommt – wir wissen es – gegen Abend ein Schiff; manchmal ein zweites gegen Mitternacht. Die wenigsten erwarten jemanden. Aber alle warten auf das Schiff

wie auf einen möglichen Glücksbringer. Der kleinste Gewinn sind ein paar Touristen. Der größere sind viele Touristen. Aber manchmal fällt auch ein großes Los – wer weiß es. Die schwarze Eleni ging mit dem französischen Fabrikanten nach Toulouse. Stephanos, der schmucke Filou, wurde von einer schwedischen Witwe nach Malmö entführt. Glück, Geschäft – wieviel Zufall waltet im Leben! Jedes Schiff ist eine kleine Tombola, jeden Abend ist Ziehung.
Dann ist das Schiff wieder ausgelaufen. Es hat nichts Außergewöhnliches gebracht. Aber zwei Musikanten waren dabei. Noch sitzen sie bei einem bescheidenen Mahl im Restaurant. Aber bald werden sie hinüberwechseln zu Louisos' Schwiegersohn und im Cafenion spielen und singen. Und auch das ist ein Gewinn; es zieht Leute an. Erst sind es acht, dann zwölf; dann kommen die Maler, die Fremden; dazu ein paar unternehmende »Herren« von Mykonos. Und nun schwirren auch die amerikanischen Kolibris herein, süchtig nach dem schönen Leben.

Eine bunte Runde bildet sich um die Musikanten, und ein Matrose, der eben abgeheuert hat, läßt Drachmen klingeln. Er beginnt mit einem einheimischen, bäuerlichen Zechkumpan zu tanzen. Die Hände der Runde klatschen den schwierigen Takt. Die beiden kreisen, stampfen, springen – der griechische Tanz verbindet Folkloristisches mit Künstlerischem, wechselt immer wieder die Takte, springt vom Orient in den Okzident und wieder zurück und verlangt äußerste Geschicklichkeit.
Der Matrose ist etwas schwer vom Trunk. Aber sein Freund wagt ein Solo. Er füllt ein Weinglas zur Hälfte, stülpt es geschickt auf seine Mütze und tanzt so in auferlegter Balance, kreist, wendet sich, geht zu Boden, springt auf – das Glas bleibt an seinem Platz. Mit sicherem Schwung hebt er es ab und stürzt es durstig hinunter.
Er wird wie ein Heros gefeiert.
Das ermutigt zu einem weiteren Versuch, und dieser wiederum reißt den Matrosen aus seiner Trunkenheit. Und nun müssen

auch die Girls mithalten. Sie werden gegriffen und lassen sich nur zu gern greifen. Eine tanzende Schlange kreist durchs Cafenion. Die Mädchen aus Ohio lernen Kalamatianos tanzen: atmend, kichernd, hingerissen, verlegen lächelnd. Sie erleben Griechenland. Die einheimischen Zuschauer drängen sich.

Hände werden geschüttelt, Freundschaftsbeweise ausgetauscht, Runden spendiert. Es ist die große Stunde der Matrosen.

Aber dann bricht der Professor doch mit seinen Kolibris auf, und der Matrose zahlt. Schweiß perlt auf seiner Stirn. – Die Musikanten zählen die Spenden, die vor ihnen liegen. Sie scheinen zufrieden. Sie sind abgekämpft, aber zu einem Rausschmeißer reicht es noch. Diesen Punkt setzen sie noch. Noch einmal klingt der Kalamatianos auf, ehe das Cafenion sich leert. Er fordert Nachsicht. Aber wer wollte jetzt noch den einzelnen Ton auf die Waagschale legen. Und weil sie echte Musikanten sind, fühlen sie, daß einer ihnen noch zuhört . . .

EIN ABEND AUF DELOS

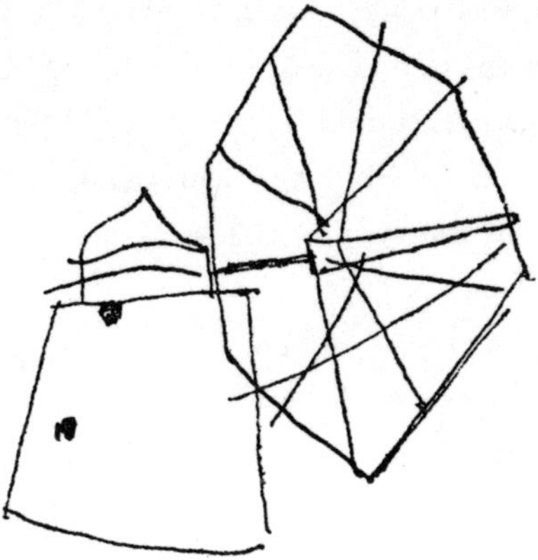

Louisos, der ergraute Kapitän des »heiligen Schiffes«, das, von der winterlichen Sturmzeit abgesehen, jeden Tag von Mykonos nach Delos fährt, hat auch dem Treiben eine Weile zugeschaut; aber er ist früher zu Bett gegangen als ich. Er sieht mich etwas erstaunt und leicht blinzelnd an, als ich am nächsten Morgen unter den gut zwanzig

Passagieren bin, die mit ihm nach Delos fahren wollen. Nach dem kleineren Delos wohlgemerkt; denn es gibt zwei Inseln dieses Namens. Aber seit viertausend Jahren ist Delos immer das kleinere Delos.

Drei Viertelstunden benötigt das Schiffchen für eine gewöhnliche Überfahrt, aber diesmal werden es etliche Minuten mehr. Louisos wirft heute nicht vor den Felsen an der Ostseite seinen kleinen Anker aus, sondern umfährt die Inselspitze und legt, beinahe wie ein richtiger Dampfer, vor der kurzen Steinmole der natürlichen Hafenbucht an der Westseite an. Offenbar tut er dies, weil es Sonntag ist. Und aus dem gleichen Grunde hat er wohl auch darauf verzichtet, das große, ausgebleichte Segel während der Fahrt zu entfalten; denn das macht immer einige Umstände, auch für die Passagiere. Außerdem tanzt der kleine Kahn dann heftiger; es gibt Spritzer, gelegentlich sogar einen Brecher, zuweilen auch Seekranke. Und heute sind alle sonntäglich angezogen, selbst Louisos trägt einen dunkelblauen Anzug. Auch ein paar schwarzgekleidete Bäuerinnen mit kleinen Körben fahren diesmal mit nach Delos, um Freunden oder Verwandten einen kurzen Besuch abzustatten. Es geht also alles ein wenig gediegener und geruhsamer als sonst zu; sogar das Meer benimmt sich sonntäglich gezügelt. Und daß es ein strahlender Morgen ist, muß unter diesen Himmeln nicht betont werden.

Wie oft an überlieferungsbeladenen Stätten, sucht der Neuankömmling auch hier zunächst vergebens nach überwältigenden Eindrücken. Aber ich bin ja kein Neuling. Ich bin zum zweitenmal hier und will sogar über Nacht bleiben.

Ich überlasse das Ruinenfeld den anderen und steige sofort bergan, um den Gipfel der Insel, den Berg Kynthos, zu erreichen, den in alter Zeit ein Tempel des Apoll krönte und von dem der Blick in alle Himmelsrichtungen ausschweifen kann. Auf der einen Seite sieht man das stumpfe Mykonos; auf der anderen, näher, liegt das größere Delos,

auch Rheneia genannt. Unten aber scheint das Meer zu treiben, hellblau bis grün in den Tiefen, dunkel über den Felsen, die die Küste in die Flut vorschiebt, satt leuchtend dort, wo es sich in die Einheit der Ferne verliert.

Ich bin nicht lange allein auf dem Gipfel, und so steige ich nach der unwegsamen Seite hin ab, halsbrecherische Partien bezwingend, über kleine Mauern, kletternd, durch Dorngestrüpp stelzend – bis ich unten am Wasser angelangt bin. Alles ist Geröll und Fels. Einsamkeit ist teuer zu erkaufen, selbst hier. Doch dann fallen die Kleider, und rücklings treibe ich, langsam und nur mit den Füßen stoßend hinaus . . .

Es ist gegen Mittag, und die gleißende Helle des Mittags blendet überall. Aber wenn das Meer sie auffängt und widerspiegelt, ist ihr alle Grausamkeit genommen. Das Verzehrende, Abtötende wird dann zum Nährenden, Belebenden. Wenn die Pflanzen erlahmen, erwachen die Fische. Wenn die Früchte fallen, springen die Delphine. Das Land stöhnt unter der wilden Begattung des Lichtes; das Meer dehnt sich lächelnd in seiner Umarmung. Es macht einen Unterschied, ob Eros auf Widerstand oder auf Schmiegsames, Bewegliches trifft. Das Licht ist Eros und nichts schmiegsamer als der Körper der Flut. –

Gegen ein Uhr habe ich den nicht minder schwierigen Anstieg hinter mir und sehe wieder hinunter auf die kleine Bucht, aus der eben das Schiffchen von Louisos ausläuft, um heimzukehren nach Mykonos. Wie das Spielzeug eines Knaben nimmt es sich aus; aber zielsicher zieht es seinen Weg, erreicht die Spitze der Insel und ist der Sicht entzogen. Ich bin zurückgeblieben, ausgesetzt auf dem Berge Kynthos – »ausgesetzt auf den Bergen des Herzens«. Allein mit Delos und den Delern.

Seltsam – zu denken, daß dieses steinige Inselchen einmal das Herz eines religiösen Kultes und für damalige Maße eine Weltstadt war . . . Wie konnte dies sein, da doch dieser Brocken Fels der Inbegriff der Un-

fruchtbarkeit ist? Aber – kann man unfruchtbar nennen, was einen Gott gebar? Die Deler lebten im Licht. Und das gleiche Sonnenauge sieht auch heute auf Delos herab, aber die wenigen hier noch Lebenden fühlen nicht mehr, daß es apollinisches Licht ist, in dem sie stehen. Apollo ist entthront; ein anderer Gott, eine andere Botschaft haben die Ohren und Herzen der Menschen gewonnen. Aber welcher Gott, so richterlich und streng er immer herrschen mag, könnte der Botschaft des Lichtes entraten? Steht nicht an jedem Ende, vor jeder Seligkeit als Sehnsucht und Lockung das Licht?
Es ist überliefert, daß auf dem alten Delos weder gestorben noch geboren werden sollte; alle Gebärenden, alle Sterbenden führte man über nach Rheneia – dort kam neues Leben zur Welt, starb welkes ab. Delos war nur Leben, Leben im Licht. Auf dieser Insel sollte kein Schatten wachsen, der das Licht des hellsten aller Götter mindern oder verdunkeln konnte. Sie wollte, im Hiesigen

schon, ein Stück todlosen Lebens, und das heißt ewigen Lebens sein.

Liegt hier der Schlüssel zu der geheimnisvollen Anziehungskraft dieses winzigen Eilandes? Delos – das hieß Leben, auch für denjenigen, der zum Tode verurteilt war, wie einst Sokrates. Solange das Heilige Schiff, das die Athener mit Chorsängern und Opfertieren alle vier Jahre nach Delos entsandten, auf dem Wege war, galt auch das Leben des Todgeweihten als unantastbar. Das Andenken des Himmlischen zu ehren, der Delos, selbst noch im Schoße seiner Mutter ruhend, ins Licht rief, verbannte es die Schmerzen der Geburt und die des Todes und war, soweit menschliche Natur, menschliches Geschick diesen Namen zulassen, eine Insel der Seligen.

Und so durfte es ein Mittelpunkt der alten Welt sein, Mittelpunkt des Kreises – kyklos –, der von hier aus um die Inselwelt der Kykladen gezogen werden konnte. Schlage den Kreis im Abstand von etwa hundert Meilen: er läuft von Athen über die Nordspitze von Chios, schneidet Samos im Osten an, umläuft Santorin im Süden und kehrt über Hydra und Egina nach Athen zurück. Wirklich: ein Mittelpunkt. Und heute ist Delos still und tot; totenstill, möchte man sagen. Ist es nicht närrisch, hier seine Zeit zu vertun? –

Ich steige ab und suche das kleine Touristen-Rasthaus auf, das vier oder fünf saubere Gastzimmer bereithält, die zumeist leer bleiben. Die wenigen, verstreuten neuen Häuser der Lebenden sind häßlich und fehl am Orte. Und wer »Leben« sucht, dem genügen zwei, drei Stunden vollauf, die Zeitspanne, während der das kleine Schiff in der Bucht anliegt. »Leben« findet man auf Mykonos. Was findet man hier ...

Man findet den jungen englischen Archäologen mit dem sandfarbenen Strohhut, der während der Überfahrt auf die Auskunft hin, das Schiff warte etwa drei Stunden, nahezu empört ausrief:

»But that's not enough!«

Er sitzt an einem Tisch und grübelt vielleicht über die Folgen seines Entschlusses nach, das Schiff des nächsten Tages abzuwarten.

Eine Weile beäugen wir uns unauffällig, nach Art der Mitteleuropäer. Jeder bestellt einen kleinen Imbiß, jeder wünscht ein Glas Wein. Aber außer Rhezina gibt es keinen offenen Wein, nur Flaschen. Aber Rhezina mag er nicht. Und auch ich würde lieber einem ungeharzten Wein den Vorzug geben.

Ich gebe mir einen Ruck, gehe an seinen Tisch und schlage vor, gemeinsam eine Flasche zu trinken. Er gibt sich einen Ruck, nennt seinen Namen und geht auf meinen Vorschlag ein: er rückt an meine Seite.

Wir haben jeder etwas Einfaches bestellt. Aber als der Wein kommt, schlage ich vor, daß wir uns den Bestand der delischen Speisekammer etwas genauer erläutern lassen:

»Es läge nahe, Mister Sutton«, sage ich, »daß wir uns gegenseitig umbrächten. Da dies nicht möglich ist oder doch zu viele

Umstände verursachen würde, bin ich dafür, daß wir uns wie alte Bekannte benehmen. Lassen Sie uns gut essen und trinken. Dann können wir uns besser leiden.«

Mister Sutton sieht mich ein wenig unter dem Berge hervor an und hat ein hübsches, leicht amüsiertes Lächeln, das seinen etwas schmallippigen Mund angenehm belebt. Er nickt einige Male verständnisinnig:

»Allright! Nehmen wir zusammen eine Henkersmahlzeit – ohne die üblichen Begleiterscheinungen. Wir müssen die Folgen eines spontanen Entschlusses gemeinsam tragen.«

Er sagt das so liebenswürdig, – es fällt mir nicht leicht, ihn darüber aufzuklären, daß ich schon vor vierzehn Tagen, beim ersten Hiersein, den Entschluß faßte, eine Nacht auf Delos zu verbringen.

»Oh!« sagt er und wiegt seinen noch nicht voll ausgewachsenen Gelehrtenkopf. »Sie sind zum zweitenmal hier. Das gefällt mir. Ich habe sieben Jahre davon geträumt, diese Insel zu sehen. Heute bin ich am Ziel. Bestellen wir etwas Gutes. Ich komme für das Essen auf und überlasse Ihnen die Getränke.«

Es war ein strahlender Junitag, und Mister Sutton war ein junger Archäologe, was besagt, daß er ein älterer Deler war als unser Wirt und ich selbst. Wir kauten unsere Oliven, schluckten den nicht ganz trockenen Vermouth mit Gin, den wir noch eingeschoben hatten, und stellten uns wie zwei faire Boxer auf die Waage, maßen Reichweite, Brustumfang und Taille. Und dann speisten wir. Der Wirt bediente uns mit dem Eifer dessen, der nur zu selten Gelegenheit erhält, seine Kunstfertigkeit zu beweisen, und der spürt, sachverständigen Gästen gegenüberzustehen. Als wir den türkischen Kaffee bestellten, meinte Mister Sutton:

»Als ich die griechische Mythologie studierte, entdeckte ich Delos, lange ehe ich Archäologe wurde. Vielleicht wurde ich überhaupt deshalb Archäologe . . .«

Er schwieg und lächelte in sich hinein.
»Erzählen Sie!« sagte ich.
»Oh, Sie kennen das bestimmt«, zögerte er. Aber dann entzündete er eine Zigarette und begann:
»Sie müssen wissen: ich liebe Tricks. Das ist eine belächelnswerte Schwäche. Und ich liebe Poesie. Das ist eine angesehene Schwäche. Und die Entstehung dieses Stückchens Erde ist die schönste Geschichte listenreicher Poesie.«
Er hauchte einen zärtlichen Kringel in die flirrende Luft und fuhr fort:
»Sie wissen ja, daß Zeus (hier sagen sie lustigerweise ›Sews‹) ein – wie sagt man im Deutschen ... sagt man nicht: ein Schürzenjäger? – ... also ein Schürzenjäger war. Well. Und da gab es eine Sternengöttin – Asteria hieß sie –, in die Zeus sich verliebte. Aber sie verweigerte sich ihm. Göttinnen müssen manchmal so sein. Von Zeus verfolgt, nahm sie die Gestalt einer Wachtel an und floh. Zeus, nicht faul, schlüpfte ins Federkleid eines Adlers und setzte ihr nach.

Man denkt ... – aber nein: die Sterngöttin bediente sich eines Verfahrens, das wohl schon damals in der Sternenwelt nicht unbekannt war: sie ließ sich als Stein ins Meer fallen und verschwand. Zwei zu eins für die Sterngöttin! Oder lasen Sie je, daß Zeus schwimmen oder tauchen konnte?!«

»Er schwamm als Stier.« Ich durfte es nicht unterschlagen.

»Natürlich«, nickte Sutton. »Sagen wir, er konnte nicht tauchen. Aber die Geschichte ist noch nicht zu Ende. Denn Asteria hatte eine Schwester namens Leto. Wozu hat sie eine so hübsche Schwester ... sagte sich Zeus. Und er hatte recht: diesmal kam er zum Ziel. Nun aber tritt Hera auf den Plan, die ewig Eifersüchtige. Sie verhängt, Leto dürfe das zu erwartende Kind nur an einem Ort gebären, den noch nie ein Strahl der Sonne beschienen habe ...«

»Eine fast ausweglose Situation ...«

»Yes, scheinbar!« Mister Sutton hob bremsend den Finger. »Aber jetzt kommt wieder ein bezaubernder Trick: Asteria taucht, der

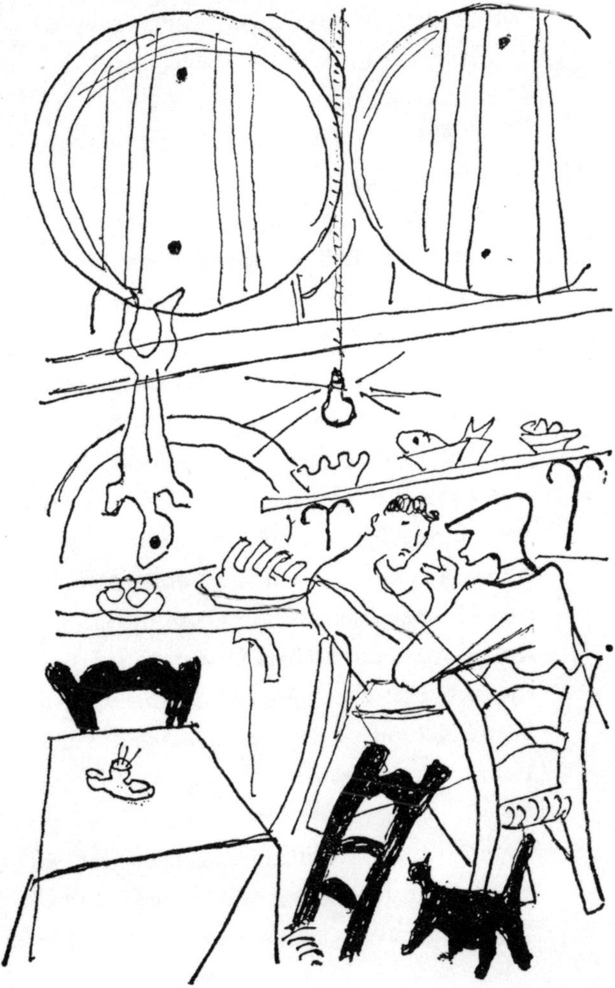

bedrängten Schwester zu helfen, aus den Tiefen des Meeres auf – als das kleine Eiland Delos.«

»Der verlangte Ort war gefunden«, sagte ich scheinheilig.

»Sie unterschätzen Hera«, ereiferte sich Sutton. »Die gab ihr Spiel noch immer nicht verloren. Sie hielt nämlich eine höchst entscheidende Göttin bei sich zurück: die Göttin der Geburt. Und obwohl alle anderen Göttinnen der bedrängten Leto beistanden, – ohne diese ging es nicht. Aber nun kommt wieder eine süße Infamie: die blauäugige Iris – kann sie andere Augen haben als blaue? – wird mit einem goldenen Halsband ausgeschickt, um die Göttin der Geburt zu bestechen. Und natürlich ließ die sich bestechen, kommt geflogen, und Leto kniet nieder, umarmt den Schaft einer Palme, und der Gott springt aus ihrem Schoß: sie gebiert den neuen Gott im Knien. Und die Göttinnen schrien auf, so heißt es, und die ganze Insel bebte in freudigem Erschrecken. Man gab dem Kinde

Nektar und Ambrosia. Da sprengte es die Windeln, stand in vollkommener Gestalt da und sprach ...«

»Lieb sei mir Leier und Bogen!« fiel ich ein.

»Und Delos leuchtete und erblühte golden!« schloß Mister Sutton und breitete in knabenhafter Begeisterung beide Arme aus. »Ich ahnte, daß Sie diese Geschichte kannten. Aber ist sie nicht eines der anmutigsten Kapitel der Mythologie? Ohne die Mythologie ist die Archäologie Lumpensammlerei. Ich warne Sie vor Archäologen. Wenn ich nachher ausziehe ...«

»... um Lumpen zu sammeln ...«

»Es muß leider sein.«

»... so werde ich Sie allein losziehen lassen, obwohl ich sicher viel von Ihnen lernen könnte. Aber ich denke, wir sollten unsere Lebensstile nicht über Gebühr mischen ...« Mister Sutton meinte, wir verstünden uns ausgezeichnet, und ich teilte seine Meinung. Wir vereinbarten, bei Anbruch der Dämmerung hier gemeinsam das Dinner einzunehmen. Von den dazugehörenden beziehungsweise darauf folgenden Getränken zu reden, erübrigte sich.

Sutton nahm seinen Strohhut. Es war vier Uhr vorbei; ihn zog es in das kleine Museum, – er hatte Lumpen zu sammeln. Mich trieb es ins Geratewohl.

Ich ging langsam durch die alten Straßen der Trümmerstadt, die sich an der Westseite der Insel befindet, am kleinen Hafen beginnt, die ganze Ebene ausfüllt und südwärts noch am Berge Kynthos bis zu halber Höhe emporklettert. Im Norden erreicht sie den kreisrunden, ausgetrockneten Teich, in dessen Mitte sich einsam eine Palme erhebt, die Palme Letos – wer möchte es bezweifeln. In Wurfweite davon dehnt sich die vielgerühmte Löwenterrasse. –

Delos ist älter als Pompeji; dieses ist, könnte man sagen, vollkommener. Aber Pompeji ist eine Ausgrabung. Delos war nie begraben. Es steht seit Jahrtausenden unter der Sonne, steht da als Torso seiner selbst. Mit alten Plätzen, Tempel- und Säulenresten,

Bänken, auf denen man heute wie ehedem ausruhen kann, mit dem alten Wasserreservoir, aus dem die Frösche und Unken rufen, den Häuserresten, den Mosaiken, von denen das berühmteste Dionysos zeigt, auf einem Tiger reitend. Keine Gewalt, kein einbrechendes Element haben hier sensationelle Veränderungen hervorgerufen. Dieses *ist* Delos. Keine Wiederherstellung, keine mutmaßlichen Ergänzungen. Es gleicht dem Rom zwischen Kapitol und Kolosseum, einst Weltstadt, älter als Rom.

Es sind Trümmer. Aber sie fielen und liegen, wie sie fielen. Und das macht ihre Wirklichkeit aus. Pompeji ist eine Mumie. Delos ein uraltes Lebewesen. Wer Augen hat zu sehen, sieht die belebte Agora; das Volk, das zu den Tempeln geht; die Menge, die zum Hafen drängt; die Schiffe, die Fracht bringen . . .

Auf dem abermaligen Weg zur Höhe kam ich an einem weiten Distelfeld vorüber. Ich sah die goldgelben Blüten und hörte die Stimme des erzählenden Sutton:

»Und Delos leuchtete und erblühte golden . . .«
Ich sah und sah. War es denn Wahrheit? Was konnte denn hier, auf diesem kargsten aller Böden, den selten ein Regen netzte, blühen und golden leuchten? – hatte ich mich gefragt.
Die Distel kann es. Aus seiner Armut zog Delos nach dem Willen seines Gottes Glanz. Alle unsere Phantasie, unser Einbildungsvermögen sind bestechlich und bestochen. Was setzt das Wort »blühen«, das Wort »golden« voraus? – Öffne die Augen. Die blühende Distel löste das Rätsel. Poesie ist nicht Weihrauch vor glänzenden Altären. Poesie ist Rauch aus den Hütten.
Ich stieg bergan, noch einmal dorthin, wo Apollos Tempel gestanden hatte. Der Wind blies. »Blut« kreiste mit leisem Sausen im Herzen der Ägäis. Ruhig, stetig – uraltes Wehn vom Meer. Das Lied der Muschel. Eben sank die Sonne, schwebte auf den Horizont hernieder, glühend und in sich selbst eine zweite Sonne bergend. –

Wieder absteigend, entsann ich mich des alten Theaters. Welche Stunde es immer war, – war sie nicht jener gleich, da sich die alten Deler auf den Weg machten, ihre Sorge, ihre Freude, ihre Klage, ihr Schicksal vorgesprochen oder wiederholt zu hören in dem Halbkreis, über dem die Reihen anstiegen und noch ansteigen ...?

Ich setzte mich in einer der oberen, versteppten Reihen nieder und wartete. Dämmerung wuchs um mich wie Gras über Gräbern. Ich sah lautlos Gestalten aufsteigen, sich verteilen über das Halbrund, ihre Plätze einnehmen. Je schwächer das Licht wurde, um so mehr wurden die Schatten.

Was werden sie spielen? Idíppos tírannos, den König Ödipus – wie alljährlich in Epidavros? Aufstieg und Sturz, Größe und Elend des Menschen ....

Ich schloß die Augen und lauschte in den Wind. Die riesige Muschel des Ägäischen Meeres tönte ihr Lied. Aus dem Raunen und Rauschen formten sich Worte und Sätze. Und nun vernahm ich die himmelstürmende Klage des Ödipus – in der unsterblichen, alterslosen Sprache der Griechen …

Geschlechter des Menschen,
wie gleicht euer Dasein
dem Schatten, dem Nichts …
Und irdisches Glück
ist Wähnen und Träumen
und wiegt uns in Schlaf,
bis der Tod uns erweckt.

Rudolf Hagelstange

Der große Filou

Die Abenteuer des Ithakers Odysseus mit Leben und Legende Homers. 215 Seiten mit 12 zweifarbigen Illustrationen nach Holzschnitten von Hansen-Bahia. Leinenband.

Homer überarbeitet: Rudolf Hagelstanges Nacherzählung. „Der kann erzählen", sagt in diesem Buch ein Hirte zu seiner Herrin Penelope über den unerkannt heimgekehrten Odysseus; „der kann erzählen", darf man auch über den Autor des Buches „Der große Filou" sagen: Rudolf Hagelstange gibt eine modern getönte Nacherzählung der Abenteuer des Odysseus.

Frankfurter Allgemeine Zeitung

In schwungvoll schöner dichterischer Prosa werden die Irrfahrten des listenreichen Erfinders des Trojanischen Pferdes, die Heimkehr und der blutige Sieg über die Freier erzählt, wobei mit feinem Gespür das Wesentliche bewahrt und dann und wann ironisch erläutert wird.

Neue Zürcher Zeitung

Dem großen Wanderer und Reise-Erzähler ist zweifellos eine neue Art Volksbuch gelungen.

Südkurier

Paul List Verlag